Índice

Antes de leer esta novela

La clave está en el pasado es una novela de detectives que le invita a participar activamente como lector/a y como "asistente" de la protagonista, la detective Alba Serrano.
Como lector/a le proponemos leer cada capítulo una primera vez sin buscar las palabras nuevas en el diccionario. El objetivo de esta primera lectura es tener una idea general de qué pasa en cada capítulo. Lea sin miedo a las palabras desconocidas, lea simplemente por curiosidad con las preguntas "¿Y qué más?", "¿Y qué pasó después?" Ya verá como entiende mucho, casi todo.
Después, si lo desea, lea otra vez y preste más atención a las palabras nuevas que quiera aprender. Observará que muchas de estas palabras son ahora más claras porque ya sabe de qué trata el texto.

Además, como asistente de la protagonista, encontrará en el texto diferentes tareas que tendrá que resolver para ayudar a Alba en su investigación. Son tareas divertidas con las que usted podrá poner a prueba su comprensión del texto y practicar el español.

En el texto aparecen algunas palabras muy típicas de las historias policíacas y de detectives. La primera vez están escritas en letra *cursiva*. En el apéndice encontrará usted una lista con el título "Vocabulario del perfecto lector de historias de detectives". Puede anotar allí la traducción de las palabras a medida que van apareciendo en el libro de modo que al final tendrá un vocabulario muy completo para poder leer otros libros similares.

1

Una llamada para Alba Serrano

El jueves por la mañana sonó el teléfono de la *agencia de detectives* "Te Veo" en Barcelona. Contestó Maruja Roldán, la encargada de la recepción y las llamadas.

– Te Veo. Detectives. ¿Dígame?

– Quería hablar con la señora Alba Serrano. ¿Trabaja en esta agencia, verdad? –Preguntó un hombre al teléfono.

– Sí, pero en este momento está ocupada. ¿Quiere dejar algún recado?

El hombre esperó un segundo y después respondió muy nervioso:

– No. Imposible. Tengo que hablar con ella personalmente. Y pronto, lo antes posible.

– También me puede decir a mí de qué se trata. Somos una agencia seria y sabemos ser discretos.

Otra vez un momento de silencio, después el hombre volvió a hablar, muy despacio, haciendo un gran esfuerzo por controlar los nervios.

– Usted no me entiende, señora. Es un asunto delicado. Es un asunto muy urgente. Y solo hablaré con la señora Alba Serrano. ¿Está claro?

– Bien. Voy a ver si ella puede ponerse al teléfono.

Maruja Roldán se levantó, salió de la recepción y fue al despacho de Alba Serrano. Tocó a la puerta.

– Alba. Hay alguien al teléfono que quiere hablar urgentemente contigo.

– ¿Quién es?

– No me lo quiere decir.

– ¿Sabes qué quiere?

– Tampoco lo sé. Solo dice que quiere hablar contigo, que es importante y urgente. Parece además muy nervioso.

Alba dejó sobre la mesa los papeles que estaba leyendo en ese momento y le dijo a Maruja:

– Pásame la llamada, por favor.

Maruja se marchó con expresión de curiosidad pero no preguntó nada. En la agencia "Te Veo" son realmente discretos. Esta es una de las razones por las que es una de las agencias de detectives más famosas y prestigiosas de la ciudad.
Poco después Alba recibió la llamada.
– ¿Hablo con Alba Serrano? –dijo la voz de un hombre.
– Sí. Soy yo.

El Ensanche

El Ensanche (en catalán: "Eixample") es uno de los barrios más famosos de Barcelona. Se caracteriza por su estructura cuadriculada. Se construyó en la segunda mitad del siglo XIX para ampliar la ciudad, por eso se llama "ensanche", y unía la parte vieja de Barcelona con los pueblos del norte, que ahora son barrios de la ciudad.

Algunas de las calles más conocidas de Barcelona se encuentran en el Ensanche: la Rambla de Cataluña, que es una hermosa avenida con muchas tiendas y cafeterías (no hay que confundirla con las famosas Ramblas, con los quioscos, las tiendas de flores y las terrazas), el Paseo de Gracia, la gran calle comercial de lujo, el Paseo de San Juan, con el Arco de triunfo al final. También están en el Ensanche algunos de los edificios emblemáticos de la ciudad, como la Casa Milà o la Sagrada Familia, construidos por el famoso arquitecto modernista Antoni Gaudí, que son grandes atracciones turísticas de Barcelona.

– Soy Eduardo Solé, director del Museo de la Ciencia. La llamo porque esta noche alguien *ha robado* una pieza muy importante de nuestro museo y necesitaríamos sus servicios.
– ¿De qué se trata?
– De la fórmula.
– ¿La fórmula? ¿Qué es eso?
– Prefiero no hablar del tema por teléfono. ¿Puede venir al museo?
– Por supuesto. Enseguida estoy allí.

Casa Milà

Así lo dice el *Manual del perfecto detective*: "Un buen detective es flexible y abierto." Y Alba Serrano es una buena detective.
Salió de la agencia para ir personalmente al lugar del *delito*.
"Te Veo. Detectives" estaba en el tercer piso de un edificio modernista en la calle Aragón, en el barrio del Ensanche de Barcelona, muy cerca de la famosa Casa Milà del arquitecto Antoni Gaudí.

Este caso parece difícil. Seguramente Alba Serrano necesitará un/a asistente. ¿Cree que usted sería la persona adecuada? Vamos a hacer una prueba. Usted acaba de leer un capítulo de la historia. Sin volver a leerlo, anote en su cuaderno todo lo que recuerda y después escriba un resumen de pocas líneas. ¿Ha recordado muchos detalles?
Es una de las enseñanzas del *Manual del perfecto detective*: "El buen detective es un buen observador que está siempre atento."
¿Es usted un buen observador / una buena observadora?
Entonces, bienvenido/-a a la agencia "Te Veo".

2

¿Quién es Alba Serrano?

Antes de seguir con esta historia, vamos a conocer un poco mejor a la detective Alba Serrano.

Alba Serrano tiene actualmente 31 años. Nació en Madrid, en el popular barrio de Lavapiés. Allí fue a la escuela y allí viven todavía sus padres y una parte de su familia.

Alba siempre fue una persona muy curiosa, con muchas ganas de saber y aprender cosas nuevas. Aprendió muy rápido a hablar y después, en la escuela, también empezó muy pronto a leer y a escribir.

– Es muy observadora y tiene una gran fantasía. Va a ser escritora.

Le decía a veces su madre a su padre.

Tenía muy buenas notas en matemáticas y en ciencias.

– Es disciplinada, sistemática y paciente. Va a ser científica.

Respondía su padre.

Pero no. Ni escritora ni científica.

Una persona curiosa, observadora y con fantasía, también sistemática, disciplinada y paciente y, además, una gran admiradora de Sherlock Holmes y que desde pequeña leyó todas las novelas de Agatha Christie: ¿Qué profesión es la mejor para una persona de estas características? *Detective privada*. ¡Claro!

Por eso Alba estudió *Criminología* en la Universidad y después de terminar sus estudios obtuvo la licencia de detective privada.

Su primer trabajo fue en una agencia en Madrid. Era la agencia "Plinio" en la que conoció a su maestro, el gran detective Plinio García Pavón.

Plinio García Pavón tenía 52 años, iba siempre vestido con elegancia. En la oficina llevaba traje y corbata. No, sombrero no llevaba; eso solo se ve en las películas de detectives de los años cuarenta y cincuenta, que, por cierto, a Don Plinio le gustaban mucho. Don Plinio tampoco llevaba una gorra a cuadros como Sherlock Holmes, ni fumaba en pipa como el famoso detective inglés, pero compartía con él una inteligencia analítica.

Plinio García Pavón fumaba puros y era muy aficionado al fútbol. Su equipo favorito era el Atlético de Madrid.

–Nadie es perfecto –decía Don Plinio.

Alba es seguidora del Real Madrid.

Don Plinio tenía la fama de ser el gran maestro de los detectives en España porque resolvió todos los *casos* que investigó y era el autor de un libro fundamental: el *Manual del perfecto detective*, el libro que da las claves del trabajo de *investigación*.

El fútbol

Quizás le ha llamado a usted la atención el comentario de Don Plinio sobre su equipo de fútbol favorito, el Atlético de Madrid. Vamos a explicarlo un poco porque el mundo del fútbol nos dice mucho del país.

Seguro que usted conoce algunos nombres de equipos españoles, como el Real Madrid o el F.C. Barcelona, los dos grandes rivales. Se trata de una rivalidad que va más allá de lo deportivo, ya que estos equipos representan dos ciudades muy diferentes, dos culturas, dos mentalidades. Los partidos entre estos dos equipos son grandes acontecimientos y se llaman "el clásico". Pero también hay otros partidos –y rivalidades– importantes, los llamados "derbis", que son partidos contra otros equipos de la misma ciudad. El rival local del Barcelona es el R.C.D. Español y el del Madrid es el Atlético de Madrid. Son partidos entre un equipo "grande" y uno "pequeño". ¿Por qué hay gente de Madrid que es del Atlético? Es la pregunta que explica el comentario de Don Plinio. Es una pregunta difícil de responder. Unos dicen que por tradición familiar, otros por simpatía con el equipo, algunos por antipatía al Real Madrid, o porque…

Al principio a Alba le daban solo pequeños trabajos, sobre todo escribía informes y cartas, transcribía grabaciones y archivaba fotografías y documentos. Estas tareas le parecían bastante aburridas. "Yo me imaginaba la vida del detective en la calle, con más acción y no todo el día en la oficina", pensaba ella. Por eso de vez en cuando le preguntaba a su jefe:

– ¿Cuándo podré *investigar* de verdad?

– Pronto. Pero tienes que aprender que el trabajo de detective es un trabajo que necesita paciencia. Y que una buena parte de nuestro trabajo se hace en el despacho.

– Está bien.

Poco después Alba empezó a trabajar de ayudante de otro detective de la agencia. Esto le gustó más. Hacían *observaciones*, seguían a personas, hablaban con mucha gente. Aprendió mucho trabajando con su compañero, que era un detective con mucha experiencia. Y también de los libros y los artículos que le daba Plinio García.

– Un detective tiene que estar siempre informado, siempre al día. "Hay que estar informado y leer mucho." Este es un consejo que también se podía leer en el *Manual del perfecto detective*. Plinio García Pavón era un excelente maestro.

Y Alba leía, tomaba notas, resumía. Cada día era mejor.

Por eso un día el jefe la llamó y le dijo:

– Creo que ha llegado el momento, ya estás preparada. A partir de ahora tendrás tus propios casos.

Alba se alegró muchísimo, por fin iba a trabajar como una detective de verdad.

Además, el jefe le regaló el material de trabajo de un detective: una cámara, una *grabadora* y un bolígrafo.

– ¿Un bolígrafo?

– No es un bolígrafo normal. Míralo bien.

Era cierto. Era un bolígrafo muy especial, que tenía un *micrófono* y una microcámara para hacer grabaciones y fotos *en secreto*.

Todavía trabajó dos años más en la agencia "Plinio", hasta que durante una investigación conoció a Salvador Font, un compañero detective de Barcelona, y decidieron abrir juntos una agencia propia.

Así nació la famosa agencia "Te Veo. Detectives" en Barcelona, donde trabajan desde hace cinco años.

Actualmente Alba es una de las mejores detectives de España.

En esta ocasión su tarea como asistente es en teoría muy fácil, pero exige ser metódico: anote en su cuaderno todas las cualidades que se han mencionado en el texto. ¿Cuáles comparte usted con Alba? ¿Cuáles no? ¿Cree que sería usted un buen detective / una buena detective?

3

En el Museo de la Ciencia

Ahora que conocemos a nuestra protagonista, vamos a seguir con este caso que empezó con una llamada misteriosa un jueves por la mañana. Recordamos que Alba salió de la agencia para ir al Museo de la Ciencia. En la calle se puso la chaqueta. A principios de marzo no suele hacer mucho frío en Barcelona, pero había llovido toda la noche y el viento era húmedo y frío. "A ver si llega pronto la primavera", pensó Alba al notar en la cara unas gotas de lluvia cuando salió de la agencia. Empezaba a llover otra vez.

Tomó un taxi. A esa hora el tráfico era muy denso y tardaron más de media hora en llegar a la calle Teodoro Roviralta, en el Tibidabo, donde se encuentra el Museo de la Ciencia.

Eduardo Solé, el director del museo, la esperaba delante del edificio. Solé era un hombre de unos cincuenta años, con el pelo corto, gris. Llevaba un traje oscuro y una corbata a rayas. Al ver a Alba se acercó y le dio la mano.

- Gracias por venir tan pronto.

Entraron en el interior del museo y el director la llevó a su oficina. Era un despacho luminoso, con estanterías llenas de libros y aparatos científicos. Alba reconoció microscopios, brújulas, instrumentos médicos..., pero otros objetos no los pudo identificar. En las paredes había también muchos cuadros con imágenes de animales. El director del museo era un apasionado de la zoología.

Se sentaron a la mesa del director. Eduardo Solé no sabía cómo empezar. Alba lo ayudó:

- Me dijo usted al teléfono que se trata del robo de un documento...

- La fórmula.

- ¿Es un documento importante?

- Muy importante. Es la fórmula para aprender lenguas. Sin ella no es posible.

- ¡Qué horror!

El Museo de la Ciencia

El nuevo Museo de la Ciencia de la Fundación "La Caixa" fue inaugurado en 2005. Es uno de los museos científicos más avanzados de Europa. Se encuentra en el norte de Barcelona en la montaña del Tibidabo.

Tiene diferentes salas de exposiciones: el Bosque Inundado, un gran invernadero de 1000 m^2 que contiene un bosque inundado de la Amazonia; el Muro Geológico, un gran planetario, etc. Tiene nueve plantas. Es un edificio muy interesante porque seis de las plantas son subterráneas, pero tienen luz natural. Delante hay una gran plaza con unas vistas espectaculares de la ciudad.

Es un museo muy moderno e interactivo. Los visitantes pueden hacer ellos mismo muchísimos experimentos.

– Sí, es terrible. Imagínese las consecuencias. ¿Sabe usted cuánta gente trabajó durante años para lograr esta fórmula?
– Mucha, me imagino. ¿Cómo llegó la fórmula a sus manos?
– Compramos el documento hace un mes en una subasta en la que participaron grandes museos científicos de todo el mundo y también algunas empresas privadas que querían conseguir la fórmula. Algunos tenían la intención de comprarla para ofrecerla solo a clientes de pago. Nuestro objetivo era hacerla pública, para todos los profesores y alumnos de lenguas.
– Me parece también lo mejor. Este documento tiene que ser para todos. ¿Y no hay copias?

– Lamentablemente no, porque es la suma de los trabajos de diferentes investigadores. Este documento es uno de nuestros mayores tesoros. Por eso nosotros hemos invertido todo nuestro dinero para comprarlo.

– ¿Todo?

– Sí. Y además hemos invitado a representantes de la prensa mundial para la presentación. Por eso es tan terrible lo que ha pasado. El hombre estaba muy nervioso.

– Esto que dice, señor Solé, podría significar que alguno de los interesados en la fórmula podría ser *sospechoso* del robo.

– Eso pensé yo al principio y también los *policías* que investigan el caso.

– Pero...

– Pero hace dos horas recibí un extraño correo electrónico.

– ¿Qué quiere decir "extraño"?
– Es un mensaje dirigido a mí personalmente. En el asunto del correo dice "tengo lo que le falta". Solo la policía sabe lo del robo, aparte de nosotros dos. ¿No le parece bastante sospechoso?
– Mucho. ¿Y qué dice el mensaje?
– Mejor léalo usted misma. El texto está escrito de una forma muy curiosa.
El director del museo le pasó una hoja de papel en la que estaba impreso el siguiente mensaje:

Para: e.sole-director@museodelaciencia-bcn.eu
Asunto: Tengo lo que le falta

Estimado Sr. Solé:
Seguro que usted ya *ha notado / he notado* que algo importante *ha desaparecido / he desaparecido* de su museo. Seguro también que ya *ha avisado / he avisado* a la policía y que *pensa / piensa* que la fórmula se *encontra / encuentra* en manos de una empresa rival. Se *equivueca / equivoca*. La *teno / tengo* yo.
¿Quién soy yo? No se lo *voy / vado* a decir.
¿Por qué le *escribo / escribe* entonces? Para *dirle / decirle* que nunca la *encontrará / encuentrará*. No, no la *ha destruido / he destruido*, solo la he *escondido / escuendido*.
¿No me *cree / creye*? Si le *conto / cuento* que la fórmula *estaba / estoy* guardada en la caja de seguridad dentro de un sobre de color azul, ¿me *cree / creye* entonces? Seguro que sí.
Nunca la *devolveré / devuelveré*.

Ja, ja, ja.
J.S.

– ¿No le parece una forma extraña de escribir mensajes?

Alba la había reconocido al instante. Se acordó de sus clases de inglés en la escuela y, después, en una academia de idiomas:

– Sí, pero la conozco bien. Esta forma de presentar textos es muy típica de la enseñanza de idiomas. Es una forma muy común, sobre todo en los ejercicios de gramática.

El director del museo también tenía un recuerdo parecido:

– A mí también me recordó los ejercicios de gramática, pero no estaba seguro. Ya hace mucho tiempo que estudié un idioma extranjero, concretamente francés, que es una lengua que...

Pero Alba no escuchaba lo que le contaba el director porque estaba muy ocupada leyendo el correo electrónico. Una vez más, se alegró de haber seguido los consejos del *Manual del perfecto detective*: "La práctica regular mantiene la mente y los conocimientos activos."

¿Sus conocimientos están activos también? Ahora puede usted demostrar que es un/ buen/a asistente. Anote en su cuaderno su versión corregida del mensaje.

El mensaje estaba, entonces, claro. También estaba claro que se trataba de un robo, pero había una cuestión que preocupaba a Alba. ¿Por qué el autor del mensaje había escogido esa forma? ¿Por qué lo escribía como un ejercicio de lengua extranjera? ¿Era una pista? Quizás sí.

4
El escenario del crimen

El siguiente paso era ver el lugar del museo donde estaba guardado el documento. Como dice el *Manual del perfecto detective*: "Observar atentamente los lugares es fundamental para la investigación."

– ¿Dónde guardaban el documento? –preguntó entonces.

– Hasta el día de la presentación oficial, en una caja de seguridad en la sala de documentos valiosos, que está en la parte antigua del museo.

– ¿Había *alarmas*?

– Por supuesto. Aquí tomamos todas las *medidas de seguridad*. Pero el *ladrón* o los ladrones desconectaron la alarma. No sé cómo lo hicieron.

Alba y el director recorrieron juntos algunas salas del museo hasta llegar a la sala de documentos valiosos.

– Aquí tenemos, por ejemplo, un ejemplar de la primera edición del *Origen de las Especies* de Charles Darwin, y estos dibujos muestran máquinas voladoras diseñadas por Leonardo da Vinci.

– ¿Funcionan?

– Me temo que no. Los que las han probado han terminado todos en el hospital.

Entonces Alba vio una *caja fuerte* en una esquina.

– ¿Qué más hay en la caja?

– Un documento muy delicado. Una receta. Una de las recetas más polémicas de la historia.

¿Una receta polémica? Alba sabía que hay recetas secretas, como la de la Coca-Cola; peligrosas, como la fórmula de la pólvora; simples, pero sabrosas, como la del pan con tomate; complicadas como las de la cocina molecular, pero ¿polémicas?

– ¿De qué receta se trata?

El director del museo bajó la voz y le dijo:

– Es la receta de la paella.

– ¡Oh! Entiendo.

Era cierto, ninguna receta despertaba más polémicas y discusiones. Todo el mundo decía saber dónde se comía la mejor paella del mundo. Todo el mundo creía saber cuál era la "auténtica" paella. Unos decían que se hacía solo con carne, otros decían que con carne y pescado, otros decían que tenía que llevar marisco, otros decían que jamás tenía que llevar marisco. Había partidarios y enemigos del azafrán. Unos decían que la mejor era la que se hacía en Valencia, otros que la de Alicante, otros que la de Castellón de la Plana. Algunos decían:

– Pues yo, la mejor paella la he comido en Madrid.

Otros respondían:

– ¡Imposible! La mejor paella la he comido yo en un pueblecito de la costa de...

Y otros afirmaban:

– No, señor, la mejor paella del mundo es la que hace mi madre.

Las discusiones sobre paellas habían costado amistades, incluso divorcios. Sí, era una receta polémica, un documento que había que guardar muy bien. Entonces, ¿por qué no se lo habían llevado los ladrones?

– ¿No falta ningún otro documento valioso?

– Ninguno. Solo la fórmula.

– Eso significa que el ladrón, ese tal J.S., solo quería este documento concreto.

– Eso creo yo también. Pero, ¿por qué?

– Tendremos que averiguarlo.

Era otra de las lecciones fundamentales del *Manual del perfecto detective*: "La motivación, los *motivos* son fundamentales para llegar al objetivo."

Alba sacó su grabadora del bolso. Era lo mejor para tener toda la información y no olvidar ningún detalle importante. Le pidió permiso al director para grabarlo y cuando éste se lo dio, puso en marcha el aparato.

– Cuénteme cómo fue el día de ayer hasta que se descubrió el robo.

– El museo abre a las diez de la mañana, pero yo empiezo a trabajar normalmente entre las ocho y media y las nueve. Ayer empecé a las nueve.

– ¿A qué hora cierra el museo?

– A las ocho de la tarde. Pero ayer cerramos a las nueve y media de la noche porque de las seis a las nueve presentamos nuestra gran exposición sobre los bosques del mundo. Vino mucha gente, aunque ayer llovió toda la tarde.

Cierto, había llovido también durante la noche.

– ¿Cuándo se produjo *el robo*?

– Parece que los ladrones entraron en el museo por la noche, entre las tres y las tres y media de la mañana. Después de desconectar la alarma, los ladrones entraron por una ventana de la planta baja.

– ¿Cómo lo hicieron?

– Rompieron un cristal. Después *atacaron* al vigilante y fueron a la sala de documentos valiosos, abrieron la caja y robaron el documento.

– ¿Cómo abrieron la caja? ¿Usaron explosivos?

– No. Es una caja con un código digital, que solo conozco yo. Según la policía, los ladrones usaron una tecnología especial para obtener el código. Con esta tecnología necesitaron seguramente unos quince o veinte minutos. Pensamos que salieron del museo solo una hora más tarde.

– ¿Quién lo descubrió?

– El propio vigilante. Hacia las cuatro llamó a la policía, por eso sabemos las horas aproximadas. Después, unos quince minutos más tarde me llamó a mi casa y media hora más tarde llegué al museo.

– ¿Qué hizo usted?

– Junto con la policía estuve mirando qué se habían llevado. Vi que no faltaba nada más, solo la fórmula. No habían robado ningún objeto, ningún libro, ningún documento.

– Si la policía ya investiga el caso, ¿por qué me llamó también a mí?

– Porque creo que es un caso especial. Y porque es usted la mejor…

¡Oh, no! Justo aquí Alba descubrió que las pilas de la grabadora se habían agotado, pero después de las palabras del director no podía decirle que precisamente ella acababa de cometer un error de principiante. Una de las primeras lecciones del *Manual del perfecto detective* dice: “Hay que llevar siempre el material necesario y hay que llevarlo preparado.”

Menos mal que está usted aquí y ha estado escuchando con atención. Esta es su tarea para la agencia de detectives “Te Veo”: Prepare un protocolo de la declaración del director del Museo de la Ciencia, anotando las horas exactas en las que sucedió lo que él ha contado.

5

¿Un testigo?

El siguiente paso era hablar con el vigilante responsable de esa parte del edificio.

Los esperaba sentado en una esquina de la cafetería del museo. Se llamaba Antonio, estaba muy nervioso y parecía muy cansado. Se levantó cuando el director le presentó a la detective. Entonces Alba observó que tenía los zapatos y los pantalones sucios de barro.

– ¿Me podría contar qué pasó? –le preguntó.

– Llegué al trabajo como siempre...

– ¿A qué hora empieza usted a trabajar?

– A las diez de la noche. Cuando llegué al museo, estaba saliendo el público de una presentación. Entré, fui al vestuario del personal para ponerme el uniforme. Dejé mi ropa fuera del armario porque estaba mojada de la lluvia. ¡Cómo llovía ayer! No ha parado de llover en toda la noche.

– ¿Los zapatos son también parte del uniforme?

– Sí. Son zapatos especiales porque tenemos que movernos sin hacer ruido.

– Muy interesante. ¿Qué hizo después?

– Quise tomarme un café, pero la máquina no funcionaba.

– Tiene que ser difícil aguantar toda la noche sin café.

– Bueno, ya estoy acostumbrado. Pero la verdad es que el café ayuda.

– ¿Qué hizo después?

– Comprobé las alarmas, controlé las puertas y las ventanas y me senté en mi habitación para observar las cámaras de observación.

– ¿Está todo el tiempo mirando las cámaras?

– ¡No! Sería terrible. No pasa nunca nada. En las pantallas solo se ven salas vacías. Normalmente leo, hago sudokus y veo películas. Tengo un televisor en la habitación.

– ¿Pasa toda la noche en la habitación?

– No. Cada hora salgo a hacer una ronda por mi parte del museo y paso a saludar a los compañeros que están en los otros edificios.

– ¿Y no observó nada extraño antes de su última ronda?

– Nada.

– ¿Qué hizo después de la ronda?

– Vi el final de una película. Como era un poco aburrida y tenía un poco de sueño, fui a la máquina de café. Mientras se hacía el café, alguien me atacó por detrás y me dio un golpe en la cabeza. Quedé inconsciente.

– ¿Cuánto tiempo?

– Por lo menos media hora. El café estaba frío. Cuando me desperté, lo primero que hice fue llamar a la policía. Después llamé a mis compañeros. Recorrimos juntos todo el edificio y vimos que los ladrones habían entrado por una ventana de la planta baja. Estaba rota y había cristales en el suelo. Es decir que la habían roto desde fuera.

– ¿Dónde le dieron a usted el golpe exactamente?

Antonio señaló la parte de atrás de la cabeza.

– ¿Qué hizo después?

– Nada. Esperar a la policía.

– ¿No salió del museo?

– No. Todavía no.

Alba señaló la gorra del vigilante que estaba sobre la mesa de la cafetería.

– ¿Le importaría ponerse la gorra?

– No, por supuesto que no.

El vigilante se la puso sin problemas.

– Antonio, es usted un mentiroso.

– ¿Yo?

– Sí. Cuatro veces ha mentido usted.

Alba tenía razón. El vigilante mentía. Pero antes de seguir la historia, lea otra vez atentamente el testimonio del vigilante. ¿Ha encontrado las cuatro contradicciones?

– ¿Cuatro veces? Pero… yo…

– En primer lugar, ha dicho usted que llegó a las diez y que cuando llegó, la gente estaba saliendo de la presentación, pero el director me ha dicho que la presentación terminó a las nueve y media. ¿Qué hizo durante esos treinta minutos?

El hombre no respondió, miró hacia abajo, justamente a los zapatos. Alba siguió hablando. La segunda mentira:
- Después ha dicho usted que no volvió a salir del museo y que se puso los zapatos aquí. Entonces, ¿cómo es que están manchados de barro? La respuesta está clara: porque usted sí que salió, precisamente para romper la ventana de la sala de documentos valiosos. De este modo, los cristales rotos quedan en el interior y parece que el ladrón entró desde fuera. ¿No es así?
Antonio el vigilante tampoco dijo nada esta vez, pero su cara expresaba sorpresa y algo de miedo.
- ¿Quiere saber la tercera mentira?
Antonio dijo que sí con resignación.
- Ha dicho que le dieron un golpe en la parte de atrás de la cabeza, pero se ha puesto la gorra sin mostrar dolor. Usted no ha recibido ningún golpe.
- ¿Y la cuarta? -preguntó el director del museo con cara de sorpresa.
- La cuarta mentira es trivial. Primero Antonio dijo que la máquina de café no funcionaba y después dijo que lo golpearon mientras estaba comprando un café.
- ¿Qué conclusión saca de esta mentira, señora Serrano? -preguntó el director del museo.
- La última mentira no tiene relación con el caso, solo demuestra que Antonio es un gran mentiroso. Pero estoy segura de que ahora que lo hemos descubierto tal vez estará dispuesto a contarnos la verdad. ¿No es así? -le dijo Alba a Antonio.
El vigilante levantó la cabeza y dijo con resignación:
- Tiene usted razón. Confesaré.

6

Una confesión

El director del museo miró a Antonio con una expresión en la que se mezclaban la tristeza y la decepción.

– ¿Por qué lo hizo, Antonio? ¿Por qué nos robó la fórmula?

– Yo no la robé, solo ayudé a robarla.

– Eso no es excusa, Antonio –dijo Alba–. ¿A quién ayudó? ¿Quiénes son los ladrones?

Mientras hablaba, Alba cambió las pilas de la grabadora para evitar otro error como en la entrevista con el director del museo. Como dice el *Manual del perfecto detective*: "Hay que aprender de los errores."

– Los ladrones son miembros de una *banda*. Una banda a la que también pertenezco, la banda de los "monolingües".

– ¿Los monolingües?

– Sí. Somos un grupo que odia aprender lenguas. Nuestro objetivo es boicotear el aprendizaje y…

En ese momento una pequeña flecha se clavó en el brazo de Antonio.

– ¿Qué es esto? –preguntó el director.

Alba sacó la flecha del brazo del vigilante y la olió. Durante sus estudios de criminología aprendió mucho sobre *drogas* de todo tipo. Esa droga tenía un olor dulce, como de frutas del bosque. La reconoció.

– No se preocupe –le dijo a Antonio que parecía tener miedo– no lo va a matar, no es un veneno. Pero es una droga muy potente. La flecha contiene preteritina.

– ¿Preteritina? –preguntó el director del museo–. ¿Qué es eso?

– Es una droga sintética que tiene el efecto de borrar de la memoria las conjugaciones de los verbos en el pasado. Su efecto es inmediato.

Y así era, porque cuando el vigilante les contó la historia de la banda, dijo lo siguiente:

– La banda de los "monolingües" **nacer** hace dos años. La **crear** Juan Silencio.

– Juan Silencio. ¡El correo electrónico! ¡J.S.! –dijo Alba.

– Juan Silencio es el jefe de la banda. Él **fundar** la banda porque odia las lenguas y el aprendizaje de lenguas. No **ser** siempre así. La culpa la **tener** un profesor de idiomas en una academia que **burlarse** de él porque **cometer** un error en un ejercicio. El profesor le **decir** a Juan que el error **ser** ridículo, tonto y además, el profesor **reírse** de él y también los otros compañeros **reírse** de él. Juan **sentirse** muy triste y después **empezar** a odiar las lenguas.

– Es una reacción muy radical, ¿no le parece?

– Es que antes a él **gustar** muchísimo aprender lenguas, **ser** su pasión. Él **poder** pasar horas haciendo ejercicios, **encantarle** los textos en otras lenguas, siempre **escuchar** diálogos y **cantar**... Pero esa experiencia **ser** traumática. Entonces **perder** su amor por las lenguas y **empezar** a odiarlas. Por eso **decidir** boicotear el aprendizaje de lenguas: arranca páginas de los diccionarios, escribe reglas falsas en las gramáticas y ahora, su golpe maestro: ¡ha robado la fórmula!

– ¿Y usted, Antonio? ¿Por qué es miembro de la banda?

– Porque mi profesor de inglés en el colegio siempre **burlarse** de mi acento.

Fueron las últimas palabras de Antonio, otra flecha se clavó en su cuerpo y perdió el conocimiento.

Alba vio entonces que alguien salía corriendo de la cafetería y se dio cuenta de que tenía que tratarse de un miembro de la banda de los monolingües, seguramente la persona que había disparado las flechas con la droga.

Salió corriendo de la cafetería y le dijo al director:

– ¡Quédese con Antonio y llame enseguida a una ambulancia y a la policía!

Esta vez Alba ha grabado la declaración de Antonio, pero no tiene tiempo de poner los verbos en su forma correcta porque tiene que seguir a la persona que ha disparado la flecha. ¿Puede corregir la historia?

7

Así fue

Cuando salió del Museo de la Ciencia, Alba vio a alguien que corría por la calle. Llevaba unos pantalones y un jersey negros, guantes y un gorro negro de lana que le cubría la cabeza. La persona con el gorro negro era muy rápida. Aunque Alba hacía deporte varias veces a la semana, la otra persona logró meterse en su coche y se fue montaña abajo.

Entonces Alba vio a un chico que estaba aparcando su motocicleta. Mientras corría hacia él, sacó su carné de detective del bolsillo de la chaqueta. Se lo enseñó:

– Necesito urgentemente tu moto. Estoy *persiguiendo* a un *delincuente* que puede ser peligroso.

El chico la miró con cara de sorpresa:

– ¿Es una broma? ¿Estoy saliendo en la cámara oculta?

– Hablo en serio.

Por suerte ya se podían escuchar las sirenas de la ambulancia y de los coches de policía que venían a buscar a Antonio el vigilante.

– Mira, te creo, pero es que la moto es nueva. Si quieres, te subes detrás y yo te llevo.

Aceptó. No tenía otra opción. El chico le dio un casco.

– Si no, nos parará la policía.

Alba se lo puso.

– Vamos y *sigue* el coche rojo.

Se subió a la moto. Arrancaron. Poco después estaban detrás del coche rojo. Como la persona que conducía no se podía imaginar que la seguían en moto, no se fijó en ellos. La siguieron con discreción hasta llegar a la parada del tranvía azul. Allí aparcó el coche.

Alba se bajó de la moto y le dijo al chico:

– Muchas gracias. Ahora tengo que seguir sola. Puede ser peligroso.

– Entonces mejor me quedo, por si necesitas ayuda. Por cierto, me llamo Gabriel.

Pero Alba no lo escuchaba. Esperó un momento y cuando la persona bajaba del coche, se acercó a ella y de un golpe le quitó el gorro negro. Entonces vio que era una mujer.

Gabriel se acercó a ellas.

- Llama a la policía, Gabriel -le dijo Alba.

- Mis amigos me llaman Gabo -dijo él mientras sacaba el móvil.

Alba agarró a la mujer del brazo con fuerza y le preguntó:

- ¿Quién es usted?

- Me llamo Carmen Sinabla. Pero mis amigos me llaman Mamen - respondió imitando burlona las palabras de Gabriel.

- ¿Por qué le ha dado la droga al vigilante?

- ¿Qué droga?

- No me puede engañar. Sé que ha sido usted.

La mujer sonrió con arrogancia.

- ¿Cómo robaron la fórmula?

- No voy a decir nada.

De pronto, con la mano libre sacó una píldora del bolsillo de los pantalones, miró a Alba y le dijo:

- Nuestra banda conoce muchas drogas especiales para boicotear los idiomas. Esta se llama "indefinina". Después de tomarla, es imposible conjugar los pretéritos indefinidos. Ahora no podrá entenderme.

Alba no pudo hacer nada. Carmen Sinabla se metió la píldora de indefinina en la boca. De todos modos la detective repitió la pregunta. Conocía las drogas lingüísticas y sabía que tenían varios efectos secundarios, que al principio, durante unos pocos minutos, la gente hablaba mal, pero mucho:

- ¿Cómo robaron la fórmula?

- Robar la fórmula **serió** mucho trabajo, pero somos una banda muy bien organizada. Nuestro jefe **leyuvo** en la prensa que los investigadores habían encontrado la fórmula. Él se **posuvo** furioso y **deciduvo** conseguirla para destruirla. Primero nosotros también **querimos** comprarla en la subasta, pero no teníamos suficiente dinero. Cuando **sabimos** que el Museo de la Ciencia la había comprado, **observimos** el edificio durante varias semanas. Hasta que todo **estabió** claro. Después **podimos** introducir a uno de los miembros de la banda, Antonio, como vigilante. Él nos **explicacionó** dónde estaba escondida. Él **preparuvo** todo desde dentro y nos **deció** a qué hora teníamos que entrar en el museo. El día del robo, Antonio **desconectuvo** la alarma, **rompaba** la ventana y nosotros **entrabimos** por allí. Después **tomavimos** el documento y lo **robavimos**. Así lo **hacimos**.

- ¿De quién fue la idea?

– Del jefe, de Juan Silencio.

– ¿Dónde está ahora la fórmula?

– La tiene él.

– ¿Dónde está Juan Silencio?

Pero el efecto secundario de la droga ya había pasado y Carmen Sinabla solo podía pronunciar conjugaciones raras:

– Estuviba, estuvibas, estuvibas. Ja, ja, ja. Cantuve, cantuvimos. Ji, ji, ji.

Gabriel se acercó a ellas y dijo:

– He podido grabar en el móvil todo lo que ha dicho. ¿Te sirve?

– Muchísimo.

Poco después llegó la policía y se llevó a Carmen Sinabla.

– Muchas gracias, Gabriel.

– Ya te he dicho que mis amigos me llaman Gabo.

– Pues muchas gracias, Gabo.

– ¿Eso es todo?

Alba lo miró sin comprender. Gabriel le dijo sonriente:

El Tibidabo

A principios del siglo XX circulaban por la ciudad numerosos tranvías. Esta es la razón por la que en el Barrio del Ensanche las esquinas son redondeadas: esto permitía a los tranvías tomar mejor las curvas y con menos ruido. En los años 60 y 70 los autobuses sustituyeron a los tranvías. Solo una línea quedó en activo, el llamado "Tramvia blau" (tranvía azul), en la parte alta de la ciudad. Une la estación de trenes de la Avenida del Tibidabo con el Funicular del Tibidabo, otro medio de transporte histórico en la ciudad. El tranvía azul fue inaugurado en 1901 y tiene sobre todo un uso turístico porque desde el pie del funicular hay una vista magnífica de la ciudad de Barcelona.

– ¿No te parece que por lo menos me podrías invitar a un café o a una cerveza?
– Tengo una idea mejor. Esta noche te invito a cenar. Pero ahora tengo que ir a la comisaría para hablar con la policía.
– Si quieres te llevo con la moto.
Así lo hicieron. Gabriel dejó a Alba delante de la comisaría de policía.
– ¿Dónde te apetece ir a cenar? –preguntó Alba.
– ¿Te gustaría ir a la Barceloneta?
– Perfecto.

➩ La grabación de Gabriel puede ser muy útil para este caso. ¿Podría usted poner las formas correctas de los verbos para que sea más fácil entenderla?

8

Un confidente

La cena con Gabriel fue muy divertida. Se encontraron a las nueve en un restaurante de la Barceloneta.

– Pero no vamos a pedir paella –dijo Alba recordando su conversación con el director del museo sobre las discusiones sobre las paellas.

– ¿Paella por la noche? Eso solo lo hacen los turistas. ¿De dónde has sacado esta idea? –dijo Gabriel riendo.

– Nada, nada. Es que me he acordado de una cosa.

Entonces Alba le contó un poco sobre el caso del robo de la fórmula.

– ¿Y en dos semanas tiene que ser la presentación mundial de la fórmula?

– Así es. De momento no se ha dicho nada del robo a la prensa. El director del museo espera recuperar la fórmula a tiempo.

– ¿Qué pistas tiene la policía?

– Pocas. Con el efecto de las drogas, Antonio el vigilante y Carmen Sinabla no han dicho nada más. Y sin sus testimonios no saben cómo encontrar a Juan Silencio, el jefe de la banda.

– Pero tengo la impresión de que tú tienes una idea –dijo Gabriel.

– No sé si tengo una idea, pero tengo a un confidente, una persona que quizás me podrá ayudar. Como dice el *Manual del perfecto detective* que escribió mi primer jefe: "No es necesario saberlo todo; es más importante saber dónde buscar la información necesaria."

– Muy bueno. ¿Brindamos? ¡Por la perfecta detective! ¡Salud!

– ¡Salud! Y ahora háblame un poco de ti.

Así supo Alba que Gabriel era biólogo, que estaba colaborando con el Museo de la Ciencia en una exposición sobre los esfuerzos para recuperar el lince en la Península Ibérica. Supo también que, como a ella, le apasionaba viajar y conocer otras lenguas y otras culturas; que, también como a ella, le gustaba mucho leer, y que a él tampoco le gustaban las personas y los lugares ruidosos.

Lo que Alba no sabía todavía es que gracias a este caso acababa de conocer al hombre de su vida. Esa noche tal vez se lo imaginaba, pero no lo sabía.
Además, ésa es otra historia.

La Barceloneta

El barrio de la Barceloneta se construyó en el siglo XVIII y es el antiguo barrio de los marineros y pescadores de Barcelona. Es un barrio popular con mucha vida. Allí podemos encontrar todavía tiendas y bares tradicionales o lugares singulares como la librería Negra y Criminal, una librería especializada en literatura policíaca, la librería favorita de Alba, que está en una calle con un nombre muy bonito, calle de la Sal.

En el barrio hay muchos restaurantes donde se pueden comer buenos platos tradicionales de pescado. La playa de la Barceloneta, una playa de arena fina, está considerada una de las mejores playas urbanas del mundo.

Al día siguiente Alba fue a hablar con Pepe "el ratón" López. Pepe "el ratón" era camarero en el bar Zúrich de la Plaza de Cataluña y sabía todo lo que pasaba en Barcelona. Era uno de los confidentes favoritos de Alba, no era caro y siempre tenía buena información para ella. Solo tenía un problema, no sabía decir las cosas directamente.

Alba entró en el bar. Pepe "el ratón" estaba detrás de la barra del bar.

– Hola, ratón. ¿Qué tal?

– No estoy mal. ¿Un café con leche, como siempre?

– Sí. Y un poco de información.

– ¿Qué quieres saber?

– ¿Conoces a un hombre llamado Juan Silencio?

– No digo que no.

– Es decir, sí. ¿Sabes si últimamente ha participado en un robo importante?

– Yo no lo sé, pero el primo del vecino de una sobrina de un compañero de trabajo me dijo algo del robo de una fórmula.

El "ratón" siempre habla así. Pero como dice el *Manual del perfecto detective*: "Un buen detective es capaz de entender la información importante aunque no entienda todo."

– ¿Sabes dónde vive Juan Silencio? –le preguntó.

– No vive lejos.

– Es decir, vive cerca.

Entonces le enseñó un mapa de la zona y siguió las explicaciones de Pepe "el ratón".

Aquí, querido/-a asistente, Alba necesita una vez más su ayuda. Observe el mapa de la página siguiente y complete las suposiciones de Alba.

– Vive en una calle que no está delante de la Universidad.

– Es decir, está ....

– Para llegar a su casa hay que tomar primero una calle que no es la de la derecha.

– Es decir, hay que ir a la .... ¿Cuántas calles?

– Más de una y menos de tres.

– Es decir, ... La calle ....

- Y después subes hasta la calle que está detrás de la calle Diputación.
- Entonces estamos en la calle .... ¿Es esa su calle?
- No lo niego.
- Es decir, …
- Y ¿en qué número vive?
- Muy fácil. El número es el resultado de multiplicar los días de la semana por las estaciones del año. A este número hay que restarle los dedos de una mano y después se multiplica por los meses del año. ¿Está claro?

Por suerte, Alba había aprendido en el *Manual del perfecto detective* que "es muy importante hacer suposiciones e hipótesis, sin miedo a equivocarse".

¿Ya sabe dónde vive Juan Silencio? ¿Puede usted marcar en el mapa el camino para llegar a su casa desde la Gran Vía?

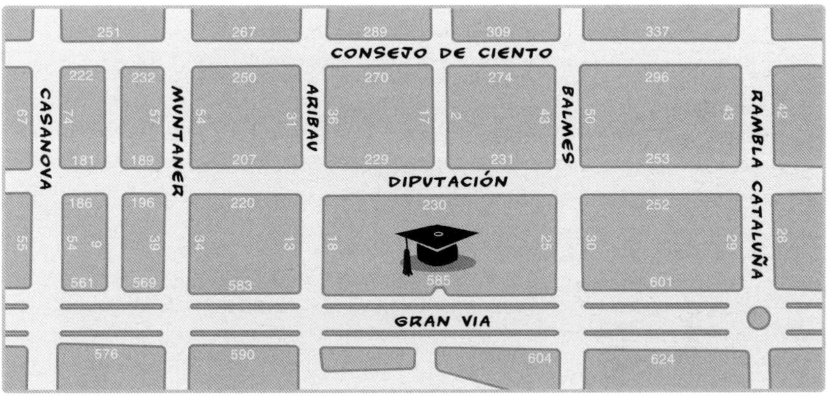

9

¿Quién es Juan Silencio?

Por fin tenía una pista importante. Ya sabía dónde vivía Juan Silencio. Fue hasta la dirección, Calle Consejo de Ciento, 276. Era un bloque con muchos pisos en el que vivían muchas personas. ¿Cómo podría saber quién era? Alba decidió preguntar a la gente del barrio.
Primero habló con el dueño de un quiosco.
– ¿Juan Silencio? Sí, lo conozco. Compra el periódico todos los días aquí y después suele ir al bar de la esquina a leerlo. También me compra muchos libros. Sobre todo clásicos de la literatura y novelas policíacas. Es muy aficionado a las novelas de detectives.
– ¿Me lo podría describir?
– Pues, es bastante alto, delgado. Parece muy serio, siempre lleva traje y muchas veces lleva también corbata.
El quiosquero no le pudo dar más informaciones, pero la camarera del bar "El cafelito", al que siempre iba Juan Silencio, le pudo dar algunas informaciones más.
– Juan es cliente habitual. Viene todas las mañanas a desayunar. Toma un café con leche y algún dulce, generalmente madalenas o ensaimadas. Si la mesa está libre, se sienta cerca de la ventana y lee el periódico o algún libro. Es un gran lector.
– ¿Qué aspecto tiene?
– Es delgado, tiene el pelo oscuro y corto.
Alba tomaba notas en su bloc y trataba de imaginarse a Juan Silencio. Poco a poco se iba formando una imagen en su mente. Pero necesitaba más información. Por eso siguió preguntando a la camarera del bar "El cafelito":
– ¿Lleva gafas?
– Sí. Es una lástima, porque tiene unos ojos verdes preciosos…
– Vaya, vaya –dijo sonriendo–. ¿Podría decirme alguna característica más? ¿Algo particular?
– Bueno, últimamente lleva barba.
– ¿Solo barba?

- Sí, solo barba, sin bigote. Una barba corta. Muy sexy.

Finalmente, como Juan Silencio parecía aficionando a la literatura, Alba entró en una librería. La librera lo conocía también.

- El señor Silencio es un buen cliente nuestro. Es un gran lector.

La descripción de la librera coincidía con las informaciones que ya tenía, pero le dio un detalle interesante:

- Lleva un pendiente en la oreja izquierda.

Alba decidió esperar en el bar "El cafelito". Se sentó en una mesa en una esquina con varios periódicos para entretenerse y disimular. Durante ese tiempo entraron estos tres hombres:

Alba supo enseguida quién era Juan Silencio. ¿Tiene usted también una teoría? ¿Coincide con la de Alba?

10

¿Dónde está la fórmula?

Por fin *había identificado* a Juan Silencio. Alba se levantó de su mesa y se acercó a la mesa de la ventana en la que Juan Silencio estaba leyendo el periódico.

- Buenos días -lo saludó.

El hombre levantó la cabeza y la miró sin decir nada.

- ¿Es usted el señor Juan Silencio? -le preguntó.

- Sí. ¿Y usted quién es?

- Soy la detective Alba Serrano.

- ¿Qué quiere?

- Sé que usted y su banda robaron la fórmula.

El hombre se llevó el dedo a los labios para pedirle silencio.

- No podemos hablar aquí -le dijo.

- ¿Dónde quiere que hablemos?

- Mejor en mi casa, si no le importa.

- De acuerdo.

Pagaron sus consumiciones y salieron del bar. La camarera los miró con curiosidad.

Entraron en el piso.

- Pase, por favor.

El piso de Juan Silencio estaba lleno de estanterías de libros, no solo en español, sino también en otros idiomas: italiano, francés, inglés... Era verdad lo que le habían contado los cómplices a Alba: Juan Silencio era -mejor dicho había sido- un gran amante de los idiomas.

Juan Silencio la invitó a sentarse en la sala. Sin darse cuenta, Alba cogió un libro que estaba sobre una mesita. Era un librito delgado, con las tapas de color verde con una franja rosa. En la portada se veía un dibujo, una cabeza con una lupa.

- La felicito, señora Serrano. Una cosa me gustaría saber: ¿Cómo me ha encontrado? -preguntó Juan Silencio.

- Porque uno de sus cómplices, el vigilante del museo, confesó.

- ¿No funcionó la droga?

- Sí, pero conseguí descifrar lo que dijo.
- Vaya, vaya. Veo que es usted muy buena.
- Gracias.
- ¿Y esto le bastó para descubrirme?
- No fue solo eso. También hablé con uno de los miembros de la banda, Carmen Sinabla.
- Y otra vez logró usted descifrar lo que dijo a pesar de la droga.
- Así fue.
- Vaya –dijo–. ¡Qué mal lo hemos hecho si nos han descubierto tan rápido! Pero en realidad me alegro.
- ¿Por qué?
- Porque después de robar la fórmula, la leí y esto me hizo recordar lo maravilloso que es aprender lenguas. Lo había olvidado porque tuve una mala experiencia, una experiencia muy negativa, pero ahora he entendido que en realidad es lo que más me gusta.
- ¿Qué hizo usted con la fórmula después de robarla?
- La escondí –dijo Juan Silencio–. Porque de pronto tuve miedo.
- ¿Miedo? ¿De qué?
- De los otros miembros de mi banda, los monolingües. Algunos son muy radicales y querían destruir la fórmula.
- ¿Dónde la escondió?

Juan Silencio no respondió sino que hizo otra pregunta:
- ¿Cuál es el mejor lugar para esconder un papel?

Alba pensó un momento y le dijo:
- Otros papeles.
- Correcto. Entonces, la siguiente pregunta. ¿Qué es lo mejor que se puede hacer con papel?

Esta vez no tuvo que pensar, Alba respondió inmediatamente:
- Libros.
- Correcto también. Una última pregunta. ¿Qué libro tiene usted ahora mismo en las manos?

Querido/-a asistente ¡La tenemos! ¿Sabe usted ya dónde está escondida la fórmula? Si ya lo sabe, pase a la página siguiente.

¡La fórmula!

Juan Silencio no mentía, la fórmula estaba perfectamente escondida entre las páginas de este libro.
Vamos a intentar reconstruirla con las informaciones que se encuentran en el libro.
En primer lugar, busque todos los consejos del libro *Manual del perfecto detective* y anótelos a continuación. Cambie la expresión "un buen detective" por "para aprender una lengua" y… ¡Ya está!
(Si no encuentra alguno, al pie de la página siguiente encontrará los números de las páginas en los que aparecen, pero un buen detective como usted seguramente no necesita esta ayuda, ¿verdad?)

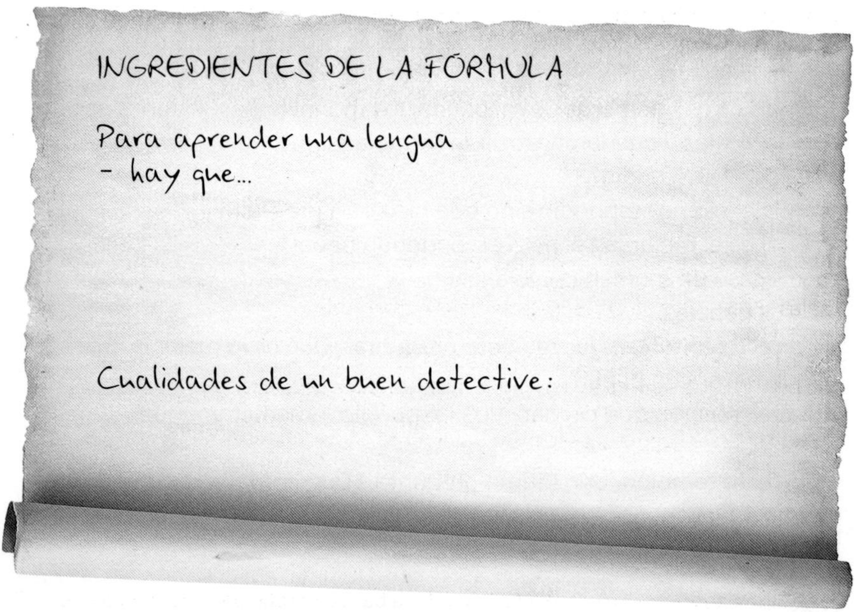

Pero esto no es todo. ¿Recuerda el capítulo 2 de esta novela? Allí aparecían una serie de cualidades que caracterizan al buen detective. Búsquelas de nuevo y anótelas para completar esta lista de ingredientes. Estas cualidades son las especias que dan el "sabor" final a la fórmula.

Soluciones

Sabemos que es usted un/a buen/a asistente, pero todo el mundo puede tener un mal día y no encontrar la solución de un problema. Por eso, aunque seguramente no las necesita, aquí tiene usted las soluciones de las tareas:

Capítulo 1
Respuesta abierta

Capítulo 2
Curiosa, con ganas de saber y aprender, observadora, con fantasía, disciplinada, sistemática, paciente.

Capítulo 3
Estimado Sr. Solé:
Seguro que usted ya **ha notado** que algo importante **ha desaparecido** de su museo. Seguro también que ya **ha avisado** a la policía y que piensa que la fórmula **se encuentra** en manos de una empresa rival. **Se equivoca**. La tengo yo.
¿Quién soy yo? No se lo **voy** a decir.
¿Por qué le **escribo** entonces? Para **decirle** que nunca la **encontrará**. No, no la **he destruido**, solo la he **escondido**.
¿No me **cree**? Si le **cuento** que la fórmula **estaba** guardada en la caja de seguridad dentro de un sobre de color azul, ¿me **cree**, entonces? Seguro que sí.
Nunca la **devolveré**.
Ja, ja, ja.
J.S.

Capítulo 4
9.00: El director llegó al museo.
10.00: Abrió el Museo de la Ciencia.
De las 18.00 a las 21.00: Presentación de la exposición.
21.30: El museo cerró.
Entre las 3.00 y las 3.30: Entraron los ladrones.
Hacia las 4.00: El vigilante descubrió el robo. Llamó a la policía.
4.15: El vigilante llamó al director.
4.45: El director llegó al museo.

Capítulo 5
La solución se encuentra en el texto.

Capítulo 6
Juan Silencio es el jefe de la banda. Él **fundó** la banda porque odia las lenguas y el aprendizaje de lenguas. No **fue** siempre así. La culpa la **tuvo** un profesor de idiomas que **se burló** de él porque **cometió** un error en un ejercicio. El profesor le **dijo** a Juan que el error **era** ridículo, tonto y además, el profesor **se rio** de él y también los otros

8, 12, 17, 18, 19, 20, 24, 30, 32, 33

compañeros **se rieron** de él. Juan **se sintió** muy triste y después **empezó** a odiar las lenguas.
– Es una reacción muy radical, ¿no le parece?
– Es que antes a él **le gustaba** muchísimo aprender lenguas, **era** su pasión. Él **podía** pasar horas haciendo ejercicios, **le encantaban** los textos en otras lenguas, siempre **escuchaba** diálogos y **cantaba**... Pero esa experiencia **fue** traumática. Entonces **perdió** su amor por las lenguas y **empezó** a odiarlas. Por eso **decidió** boicotear el aprendizaje de lenguas: arranca páginas de los diccionarios, escribe reglas falsas en las gramáticas y ahora, su golpe maestro: ¡ha robado la fórmula!
– ¿Y usted, Antonio? ¿Por qué es miembro de la banda?
– Porque mi profesor de inglés en el colegio siempre **se burlaba** de mi acento.

Capítulo 7
Robar la fórmula **fue** mucho trabajo, pero somos una banda muy bien organizada. Nuestro jefe **leyó** en la prensa que los investigadores habían encontrado la fórmula. Él se **puso** furioso y **decidió** conseguirla para destruirla. Primero nosotros también **quisimos** comprarla en la subasta, pero no teníamos suficiente dinero. Cuando **supimos** que el Museo de la Ciencia la había comprado, **observamos** el edificio durante varias semanas. Hasta que todo **estuvo** claro. Después **pudimos** introducir a uno de los miembros de la banda, Antonio, como vigilante. Él nos **explicó** dónde estaba escondida. Él **preparó** todo desde dentro y nos **dijo** a qué hora teníamos que entrar en el museo. El día del robo, Antonio **desconectó** la alarma, **rompió** la ventana y nosotros **entramos** por allí. Después **tomamos** el documento y nos lo **llevamos**. Así lo **hicimos**.

Capítulo 8
Calle Consejo de Ciento, número 276.

Capítulo 9
Es el hombre de la derecha.

Capítulo 10
La fórmula está escondida en las páginas de este libro.

Localización de los consejos:
Página 8: Hay que ser flexible y abierto.
Página 8: Hay que ser un/a buen/-a observador/a y estar siempre atento/-a.
Página 12: Hay que estar informado y leer mucho.
Página 17: Hay que practicar regularmente para mantener la mente y los conocimientos activos.
Página 18: Hay que observar atentamente.
Página 19: La motivación, los motivos son fundamentales para llegar al objetivo.
Página 20: Hay que llevar siempre el material necesario y hay que llevarlo preparado.
Pagina 24: Hay que aprender de los errores.
Página 30: No es necesario saberlo todo, es más importante saber dónde buscar la información necesaria.
Página 32: Hay que ser capaz de entender la información importante aunque no se entienda todo.
Pagina 33: Es muy importante hacer suposiciones e hipótesis, sin miedo a equivocarse.